KT Tunstall
Eye to the Telescope

ISBN 1-4234-1430-6

HAL•LEONARD®
CORPORATION

7777 W. BLUEMOUND RD. P.O. BOX 13819 MILWAUKEE, WI 53213

Visit Hal Leonard Online at
www.halleonard.com

Other Side Of The World

Words by KT Tunstall
Music by KT Tunstall & Martin Terefe

10

Another Place To Fall

Words & Music by KT Tunstall

smile,   you should try it just once in a while.   Ba - by it's not quite
swal - low.   Men who have ru - ined your life,   you con - sume them with mi -ni - mum

your style,   (it's) sim - ply too ea - sy to do,   and you might not see it
strife.   But now you have got in - di - ges - tion, the ant - a - cid comes___

through.   See it   though.___
___ as a ques - tion.

1° only

13

Well I don't see__ no holes__ in the road__ but

you.__ Find a - no - ther place__ to fall.__

2, 3.

2. Are you ___

Oh.__

To Coda

Under The Weather

Words by KT Tunstall
Music by KT Tunstall & Tommy D

1. Un - der this na - tion - al rain - cloud

20

Yes, it feels___ like

home.___

Yes, it feels___ like home.

Oh, coz I'm

D.S. al Coda

Coda

It feels like home.

Suddenly I See

Words & Music by KT Tunstall

peo - ple who sur - round her feel the be - ne - fit of it.
Makes you feel warm - er when you're try - ing to re - mem -

It makes you calm. She
- ber what you heard. She

holds you cap - ti - vat - ed in her palm. Sud - den - ly I
likes to leave you hang - ing on a word. Sud - den - ly I

see this is what I want to be. Sud - den - ly I

I can see her eyes look-ing from a page in a ma-ga-

-zine. She makes_ me feel_ like I could be a

tow - er. Big_ strong tow - er, yeah._ The pow - er to be,_

_ the pow - er to give, the pow - er to see,_ yeah, yeah._ (Sud - den - ly I

27

so much to me. (Sud - den - ly I see.) This is what

I want to be. Sud - den - ly I see

1.

Repeat ad lib.

why the hell it means so much to me.

2.

why the hell it means so much to me.

Miniature Disasters

Words & Music by KT Tunstall

1. I don't want to be se - cond best, don't wan-na
(2.) hot and cold, got to be
(3.) raise my voice don't have to be

stand in____ line.____ Don't want to____ fall____ be - hind.____
taught and____ told.____ Got to be____ good____ as____ gold.____
un - der - hand,____ just got to____ un - der - stand____

Don't want to get caught____ out,____ don't want to____
But per - fect - ly hon - est - ly,____
that it's gon - na be up and____ down,____ it's gon - na be____

___ do____ with - out.____
___ I think it would be good for me.
___ lost____ and found.____

Oh, and ___ the les - son I ___ must learn _____
Coz it's ___ a hind - rance to ___ my health _____
Oh, and ___ I can't ___ take to ___ the sky _____

To Coda ⊕

___ is that ___ I've got ___ to wait ___ my ___ turn. ___
___ if I'm a strang - er to ___ my - self. ___
___ be - fore ___ I like ___ it on ___ the ___ ground. ___

32

oh,___ oh,   will   be   the   death___ of ___ me.___

3. I   don't   have   to

And   I   need   to   be   pa - tient   and   I
find   out   the   ans - wers   when   I

Am
D
F
will be, yeah, yeah. Well, I've got to run a lit-tle fast - er or a
G
Am
D
min - ia - ture dis - as - ter will be, will be. Oh, well, I
F
G
need to know I'll last if a lit - tle min - ia - ture dis - as - ter hits me.
Am
E7
Am9
Oh, it will be the death of me.

Silent Sea

Words by KT Tunstall
Music by KT Tunstall & Jimmy Hogarth

happy in my harbour when you cut me loose.
floating on an ocean and confused.
Winds are whipping
2° Instrumental
waves up like skyscrapers. And the

40

Universe & U

Words by KT Tunstall
Music by KT Tunstall & Pleasure

A fire burns, wa-ter comes. You cool me down, when I'm cold in-side you are warm and bright.

You know you are so good for me, yeah. With your child's eyes you are more than you seem. You see in-to space. I see in your face the pla-ces you've been, the things you have learned. They sit with you so beau-ti-ful-ly, yeah. But you know there's no need to hide

47

I'll send you a____ sign____ just so you know____ that

I am me the u-ni-verse and_____ you. The u-ni-verse_ and_ you.___

The u-ni-verse_ and_ you.___

I am the u-ni-verse_ and you.

False Alarm

Words by KT Tunstall
Music by KT Tunstall & Martin Terefe

50

Heal Over

Words & Music by KT Tunstall

Stoppin' The Love

Words by KT Tunstall
Music by KT Tunstall & Tommy D

59

But I'm stop - ping the lov - ing get - ting in.___

2. Now you say it's ___ Oh, yes__ I'm stop-ping the lov-ing get-ting in.___

___ *Vocal ad lib.*

D.S. al Coda

Coda

Stop-ping the lov-ing get-ting in._____

Through The Dark

Words by KT Tunstall
Music by KT Tunstall & Martin Terefe

Try-ing to find a light on_____ some - where._

Try-ing to find a light_ on_____ some -

- where._____ I'm find - ing I'm fall - ing in

love with the dark ov - er here.___

D.S. al Coda

Black Horse And The Cherry Tree

Words & Music by KT Tunstall

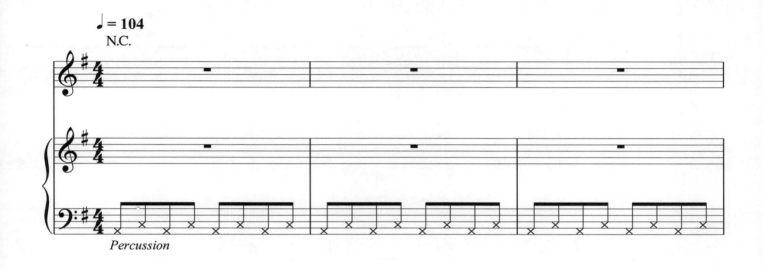

heart knows me bet-ter than I know my - self_ so I'm__ gon-na let it do all the talk - ing.
(2.) felt a lit-tle fear up - on my back_ I said__ don't look back just keep on walk - ing.
(Verses 3 & 4 see block lyrics)

Percussion

Em   B⁷   Em

N.C.

came a - cross a place in the mid - dle of no - where with a
big black horse said "Hey let's dance and

Percussion

Em

big black horse and a__ cher - ry tree.
look this way, will you__ mar - ry me?"

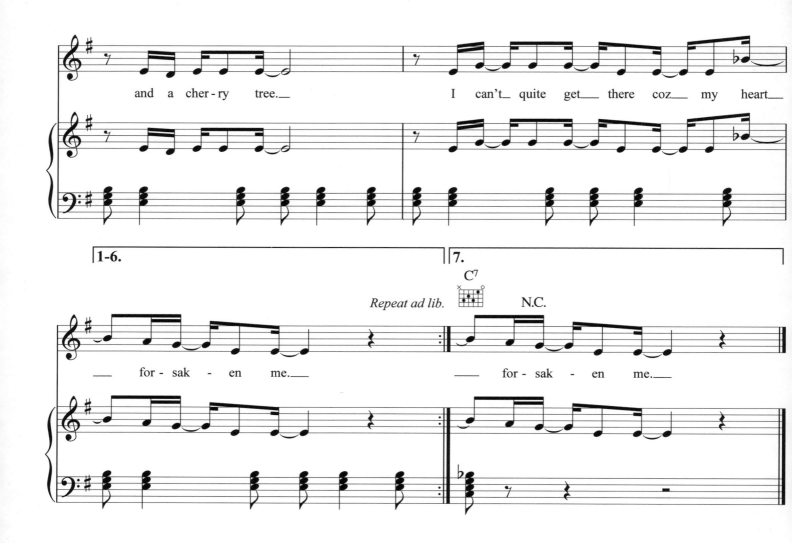

Verse 3:
And my heart hit a problem in the early hours
So I stopped it dead for a beat or two
But I cut some cord and I shouldn't have done it
And it won't forgive me after all these years.

Verse 4:
So I sent her to a place in the middle of nowhere
With a big black horse and a cherry tree
It won't come back, coz it's oh so happy
And now I've got a hole for the world to see.

56789
4/06 (58477/58480)